레오나르도 다빈치

사라 바르테르 글 · 오렐리 그랑 그림 | 이세진 옮김

비룡소

1452년

레오나르도의 탄생

레오나르도 다빈치는 1452년 4월 15일에 이탈리아 중부 지방의 작은 마을, **빈치**에서 태어났어요. 아버지 피에로는 부유했어요. 법률 서류를 다루는 일을 했지요. 어머니 카테리나는 평범한 농부의 딸이었어요. 그 무렵에는 이렇게 신분이 다르면 정식으로 결혼할 수 없었어요.

레오나르도는 처음에 어머니하고만 살았어요. 그러다 다섯 살 때부터는 아버지의 집에서 아버지의 가족과 함께 살게 됐지요. 레오나르도는 아버지의 아내, 즉 새어머니가 된 알비에라와도 사이좋게 잘 지냈어요.

어린 레오나르도는 **하루 종일 자연을 관찰하고 그림을 그리면서 시간을 보냈어요.**
그가 그린 그림은 실제 모습과 어찌나 똑같은지, 마치 살아 있는 것 같았지요.
레오나르도는 호기심이 많은 아이였어요. 뭐든지 알고 싶어 했고요.
그림은 레오나르도가 세상을 이해하는 훌륭한 도구였답니다.

1466년

아름다운 도시, 피렌체

레오나르도는 열네 살 무렵에 아버지가 일하고 있는 큰 도시, **피렌체**로 이사 갔어요. 피렌체는 예술가와 학자가 많이 사는 너무나 아름다운 도시였지요. 레오나르도는 이 새로운 세상에서 많은 것을 배울 수 있겠다고 생각했어요!

피렌체는 그에게 영감을 불어넣었어요. 구경하고 그릴 멋진 건물과 놀라운 사람이 차고 넘쳤으니까요. 레오나르도는 매일 종이와 연필을 가지고 다니며 크로키*를 그렸어요.

아버지는 아들의 뛰어난 재능을 알아차렸어요. 그래서 유명한 예술가 **베로키오**에게 레오나르도를 가르쳐 달라고 부탁했지요. 베로키오는 레오나르도를 조수로 받아들였고, 자신이 작품을 만들어 파는 공방에서 일할 수 있도록 해 주었어요.

1470년

베로키오의 공방에서 레오나르도는 물감 등 재료를 준비하는 일을 하며, 그림과 조각을 배웠어요. 그는 새로운 기술과 방법을 배우고 익히는 재미에 푹 빠졌지요!

베로키오 공방의 천재

레오나르도는 그림 실력이 뛰어났어요. 어느 날 그는 베로키오가 주문을 받아 그리던 **「그리스도의 세례*」**라는 그림에서 예수* 그리스도 옆에 있는 천사 한 명을 맡아 그리게 되었어요. 그런데 레오나르도가 그린 천사가 얼마나 표정이 풍부하고 살아 숨 쉬는 것 같았는지, 그림에서 그 천사밖에 안 보였대요!

베로키오도 그림을 보고 깜짝 놀라 이렇게 말했지요.
"레오나르도는 **그림의 천재**야. 나는 이제부터 조각만 해야겠어.
이 아이와 비교되고 싶지 않구나."
공방 사람들 모두가 레오나르도를 우러러보았어요!

1472년

첫 번째 대형 작품

스무 살이 된 레오나르도는 파티를 좋아하고 늦잠을 즐기는 청년이었어요. 하지만 이제 자기만 할 수 있는 작업을 사람들에게 보여 줄 때라는 것은 알았지요. 레오나르도의 엄청난 재능은 피렌체에 이미 소문날 대로 나 있었어요. 그는 베로키오의 지지와 도움을 받아 **첫 번째 대형 작품**을 그렸어요.

레오나르도 다빈치는 도형이나 공간의 성질을 연구하는 기하학에도 관심이 많았어. 깊이가 느껴지는 이 그림에서 그런 면이 보이지? 마치 그림 속을 걸을 수 있을 것 같은 느낌이 들잖아.

천사의 날개가 진짜 같지 않니? 그는 보통 몇 시간씩 새의 날개를 관찰하곤 했어.

10

피렌체 근처의 어느 교회에서 그려 달라고 한 작품이었지요. 레오나르도는 천사 가브리엘이 성모 마리아에게 예수 그리스도를 낳을 것이라고 알리는 '**수태 고지**' 장면을 그렸어요. 교회의 가르침을 담아 수많은 화가들이 그려 왔던 장면이지요. 하지만 그가 그린 그림은 정말 달랐어요. 굉장했지요!

「수태 고지」
1472년경, 목판에 유채*와 템페라*, 90×222cm,
우피치 미술관, 이탈리아 피렌체

1474년

가장을 담은 초상화

피렌체의 어느 부유한 가문에서 레오나르도의 재주가 뛰어나다는 소문을 듣고 그를 찾아왔어요. 그는 부유한 가문의 딸 지네브라의 초상화를 맡아 그리게 되었지요.

레오나르도에게 초상화 작업은 새로운 도전이었어요. 실제 있는 사람을 꼭 닮게 그려야 했으니까요. 그는 젊은 여성의 얼굴에 입체적인 느낌을 주기 위해서 빛과 그림자를 연구했어요. 부드럽지만 꿈을 꾸는 듯한 성격도 표현하려고 했지요.
이렇게 **숨겨진 감정까지 보여 주는 초상화**는 처음이었죠. 그래서 어떻게 됐느냐고요? 지네브라는 그림에서 당장 튀어나올 것처럼 생생한 모습으로 그려졌답니다!

레오나르도 다빈치는 실험하기를 좋아했어. 그는 이 작품에서 색색의 가루를 기름과 섞어 예전보다 투명하면서도 오래가는 물감을 만들었지.

그리고 사실적인 색을 표현하기 위해 물감을 아주 얇게 여러 겹 칠했어.

「지네브라 데벤치」
1474년경, 패널*에 유채, 38.1×37cm, 워싱턴 내셔널 갤러리, 미국 워싱턴

1481년

레오나르도의 첫 후원자

그 무렵 피렌체를 다스리는 **로렌초 데메디치**도 이 젊은 천재에게 관심을 보였어요. 피렌체의 궁전을 장식하기 위해 레오나르도를 조각가이자 실내 장식가로 고용했지요! 레오나르도는 이제 베로키오의 공방에서 나와 자기 이름으로 예술 작품을 만들기 시작했어요.

1481년에 그는 교회에 걸릴 대형 작품을 그리게 되었어요. 성모 마리아가 아기 예수를 낳았을 때, 별을 보고 찾아온 세 명의 점술가를 만나는 '**동방 박사의 경배**' 장면이었지요. 레오나르도는 마음을 다해 그림 작업을 했어요. 하지만 사람들은 그가 작업을 너무 오래 하고, 성격이 유별나다며 수군거렸어요. 실제로 레오나르도는 왼손잡이로, 오른쪽에서 왼쪽으로 글을 썼어요. 고기를 먹지 않았고, 결혼도 안 했지요!
레오나르도는 그런 소리를 듣고 싶지 않았어요. 그래서 작품을 그리다 말고 피렌체를 떠나 버렸지요!

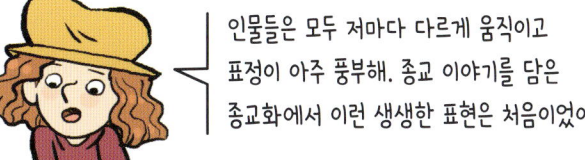

잘 보면 그림이 완성되지 않았다는 걸 알겠지? 어떤 곳은 색이 칠해져 있는데 어떤 곳은 밑그림만 남아 있잖아.

인물들은 모두 저마다 다르게 움직이고 표정이 아주 풍부해. 종교 이야기를 담은 종교화에서 이런 생생한 표현은 처음이었어!

「동방 박사의 경배」
1482년경, 목판에 유채, 244×240cm, 우피치 미술관, 이탈리아 피렌체

1483년

새로운 세상

1482년에 서른 살이 된 레오나르도는 이탈리아 북부의 도시, **밀라노**에 도착했어요. 밀라노는 피렌체보다 더 크고 부유한 곳이었지요. 그는 밀라노를 다스리는 **루도비코 스포르차**에게 갔어요. 그리고 궁전을 장식할 인형과 전쟁에 쓸 무기 등 다양한 기계 장치를 그린 그림을 보여 주며 자신을 소개했지요.

이 무렵 어느 교회에서 레오나르도에게 성모 마리아가 아기 예수를 데리고 피난을 가다 바위산에서 쉬는 장면을 그려 달라고 주문했어요. 완성된 그림은 인물과 배경을 사실적으로 표현하면서도 신비로운 느낌을 주었어요. 스포르차는 그 그림에 깊은 인상을 받았지요. 스포르차는 레오나르도가 재능 있는 예술가이자 솜씨 좋은 발명가라고 생각했고, 그를 밀라노에 머물게 해야겠다고 마음 먹었어요.

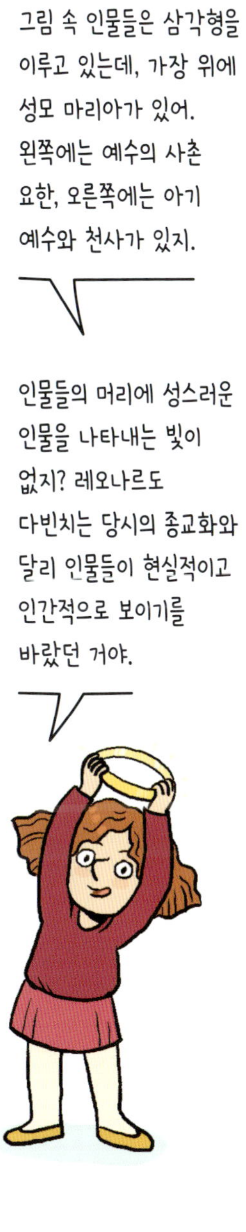

그림 속 인물들은 삼각형을 이루고 있는데, 가장 위에 성모 마리아가 있어. 왼쪽에는 예수의 사촌 요한, 오른쪽에는 아기 예수와 천사가 있지.

인물들의 머리에 성스러운 인물을 나타내는 빛이 없지? 레오나르도 다빈치는 당시의 종교화와 달리 인물들이 현실적이고 인간적으로 보이기를 바랐던 거야.

「바위산의 성모」
1483-1486년, 패널에 유채, 199.5×122cm, 루브르 박물관, 프랑스 파리

1488년

밀라노의 스타 화가

레오나르도는 스포르차의 궁전에서 지내게 되었어요. 이제 이탈리아 방방곡곡에서 사람들이 그의 작품을 보러 왔지요. 특히 스포르차가 무척 사랑했던 젊은 여인의 초상화에 모두가 감탄했어요. 레오나르도는 어떻게 인물을 더 아름답게 보이도록 그렸을까요?

오른쪽 그림 속 여인은 사랑하는 이를 기다리고 있는 것 같아요. 얼굴에 비치는 빛은 은은하면서도 신비롭지요. 레오나르도는 **명암***을 표현하는 재주가 뛰어났어요. 빛과 어둠을 완벽하게 대비시킬 줄 알았지요.

여기서도 레오나르도 다빈치는 새로운 시도를 했어! 모델은 몸의 윗부분과 손을 보인 채 얼굴을 몸의 반대 방향으로 돌리고 있지. 1400년대에는 이렇게 자연스러운 움직임을 담은 초상화가 없었어.

하얀 담비는 여인의 순수한 마음을 나타내는 것 같아. 르네상스* 시대에는 담비가 인기 있는 반려동물이었지.

「담비를 안고 있는 여인」
1490년경, 목판에 유채, 53.4×39.3cm, 차르토리스키 미술관, 폴란드 크라쿠프

1490년

완벽한 인체 비례를 찾아서

레오나르도는 주로 주문 받은 작품을 만들었지만, 관심 있는 분야를 혼자서 연구하는 것도 포기하지 않았어요. 그는 온갖 종류의 기계를 상상하며 **설계 도면***을 그렸고, 심지어 죽은 사람의 몸을 갈라 그 안을 관찰하기도 했어요.

시체 **해부**는 당시로서는 충격적인 일이었지요. 하지만 레오나르도는 인물을 진짜처럼 완벽한 비율로 그리기 위해서라면 뭐든지 할 준비가 되어 있었어요.

그는 장난기 많은 젊은이를 조수로 두고 '살라이'라고 불렀어요. '꼬마 악마'라는 뜻의 별명을 갖게 된 조수는 늘 레오나르도의 곁을 지켰답니다.

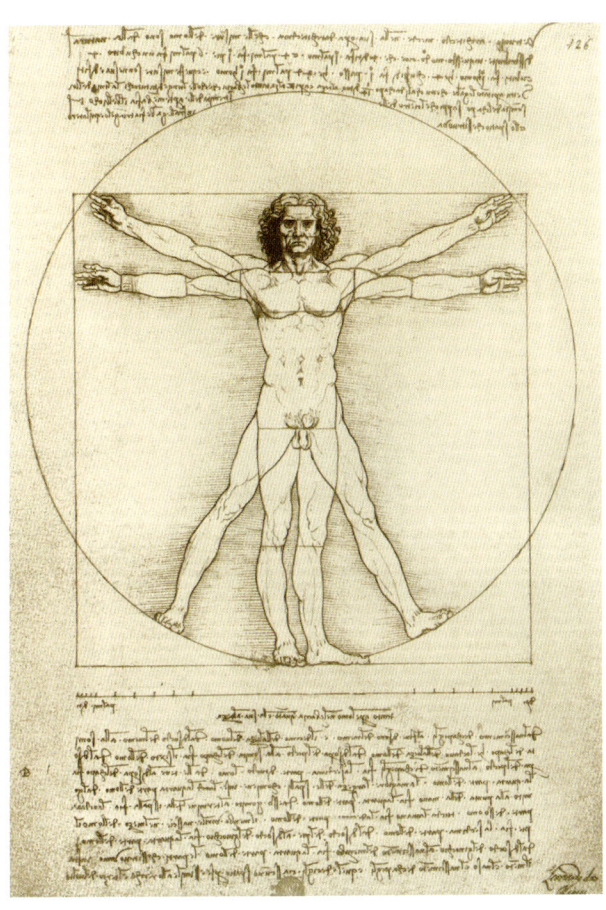

「인체 비례 연구(비트루비우스 인간)」
1490년경, 종이에 잉크와 수채*, 34.4×24.5cm,
아카데미아 미술관, 이탈리아 베네치아

레오나르도 다빈치는 왼쪽 그림에서 인간의 몸이 원이나 정사각형에 딱 들어맞도록 그렸어. 그 당시 사람들은 원이나 정사각형이 기하학적으로 완벽하다고 생각했거든.

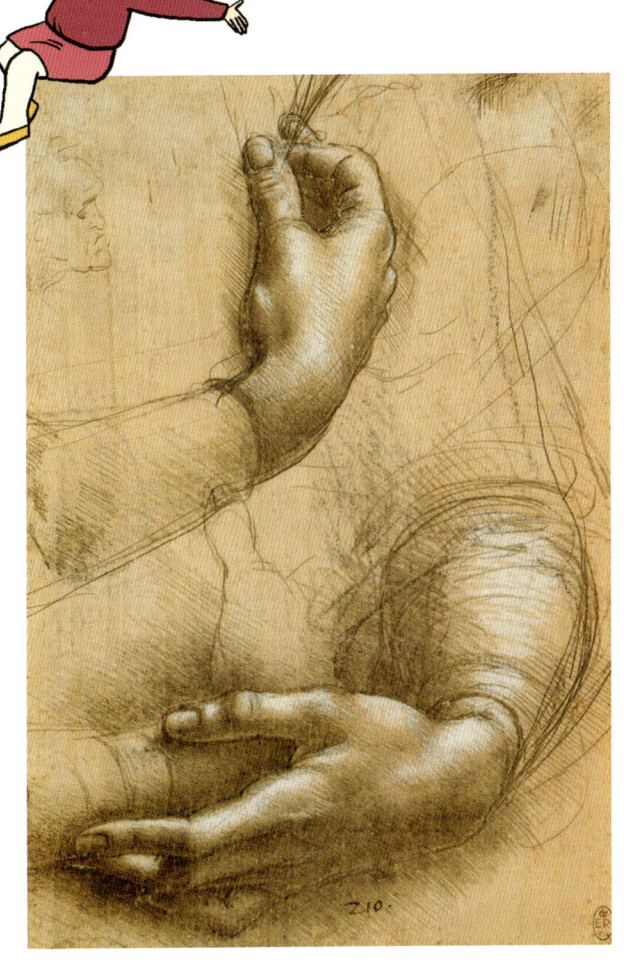

「여인의 손 연구」
1490년경, 종이에 실버 포인트*,
21.5×15cm, 윈저성 왕립 도서관, 영국 윈저

그의 연구는 손 같은 신체를 잘 그리는 데 도움이 됐지. 레오나르도 다빈치의 그림을 보면 손이 늘 살아 움직이는 것 같아.

1495년

걸작의 탄생

레오나르도가 밀라노에서 지낸 지 벌써 13년이 되었어요. 그동안 후원자인 스포르차가 주문한 조각을 만들고 궁전의 실내 장식에 힘쓰느라 그림 그릴 시간이 많지 않았지요. 그러다 1495년에 스포르차는 자신이 수리하던 성당 식당의 **벽화***를 레오나르도에게 맡겼어요.

「최후의 만찬」
1495-1498년, 회벽에 유채와 템페라, 460×880cm, 산타마리아 델레 그라치에 성당, 이탈리아 밀라노

레오나르도는 열심히 작업했어요. 결국 **「최후의 만찬」**이라는 걸작이 탄생했답니다!
1500년대 초에 프랑스를 다스린 루이 12세는 벽을 뜯어서라도 이 작품을 프랑스로 가져가고 싶다고 말했지요.

레오나르도 다빈치는 예수가 죽기 전날 열두 제자와 함께 저녁을 먹는 '최후의 만찬' 장면을 그렸어. 예수가 "너희 중 하나가 나를 배반할 것이다!"라고 말할 때, 제자들이 느낀 놀람과 충격과 분노를 생생하게 담았지.

그가 남긴 벽화 중에서 우리가 지금 제대로 볼 수 있는 것은 이 작품뿐이야.

1503년

새로운 기법, 스푸마토

1499년에 프랑스가 밀라노에 쳐들어왔고, 스포르차는 쫓겨나고 말았어요. 밀라노를 위해 수많은 전쟁 기계와 무기를 발명하고 설계했던 레오나르도는 이제 후원자 없는 신세가 되었지요. 1503년에 그는 피렌체에 자리 잡았어요. 쉰한 살이 된 레오나르도는 자기가 가장 좋아하는 그림 그리기에 좀 더 마음을 쏟고 싶었어요.

그는 아기 예수와 어머니, 외할머니를 담은 「성 안나와 성모자」를 그리기 시작했어요. 레오나르도는 이 작품에 자신이 연구한 '**스푸마토**'를 사용했어요. 안개와 같이 색을 미묘하게 바꿔 인물과 배경을 부드럽게 연결하고 공간의 깊이를 느낄 수 있게 하는 기법이지요.

그림 속 성 안나는 딸인 성모 마리아를 무릎에 앉혀 놓고 있지. 성모 마리아는 양을 붙잡고 있는 아기 예수를 잡으려 하고. 이 작품은 피렌체의 어느 교회에서 그려 달라고 했는데, 프랑스의 왕 루이 12세가 아내를 위해 주문한 그림이라는 이야기도 있어.

하지만 레오나르도 다빈치는 이 그림을 주문한 곳에 넘기지 않고, 죽을 때까지 계속 다듬어 가면서 작업했대.

「성 안나와 성모자」
1503-1519년, 목판에 유채, 168×130cm, 루브르 박물관, 프랑스 파리

1503년

세상에서 가장 유명한 초상화

레오나르도는 피렌체의 부유한 상인 프란체스코 델조콘도의 아내 리자의 초상화도 그리기 시작했어요. 그는 리자가 긴장을 풀고 자연스럽게 포즈를 잡을 수 있게 악사들을 불러 음악을 연주해 주었지요.

'**모나리자**'라고 불리는 오른쪽의 초상화는 보는 사람의 마음을 사로잡으며 호기심을 자극해요. 리자는 미소를 짓고 있는 걸까요, 아닐까요? 리자는 우리를 보고 있는 걸까요, 아닐까요? 레오나르도는 이 그림이 얼마나 유명해질지 상상도 못했을 거예요. 그는 이 작품도 주문한 사람에게 넘기지 않고, 계속 다듬었답니다.

레오나르도 다빈치는 여기서도 스푸마토 기법을 사용했어. 눈, 코, 귀, 입 등 얼굴은 부드럽고 다소 흐릿해. 몸의 테두리는 배경에 녹아 있지.

이 그림은 1911년에 도둑맞았다가 1913년에 되찾았어. 오늘날 세상에서 가장 유명한 미술 작품 중 하나야. 전 세계에서 이 그림을 보러 수많은 관람객들이 찾아오지.

「모나리자(라 조콘다)」
1503-1519년, 목판에 유채, 79.4×53.4cm, 루브르 박물관, 프랑스 파리

1506년

인상적인 종교화를 그리다

프랑스의 왕 루이 12세는 레오나르도에게 **새로운 종교화**를 부탁했어요. '살바토르 문디'는 라틴어로 '세상의 구원자'라는 뜻이에요. 즉, 인간을 구하기 위해 기독교의 가르침을 전하는 예수 그리스도를 그려 달라는 주문이었지요. 그림 속에서 예수는 왼손에 세상을 상징하는 유리구슬을 든 채, 오른손으로 축복을 내리고 있어요.

레오나르도는 늘 자신만의 방식대로 그림을 그리고 싶었어요. 그래서 예수를 어두운 바탕에 실제 인물 크기로 그렸어요. 그림을 보는 사람이 마치 혼자서 예수를 마주한 것 같은 기분이 들도록 말이에요. 수많은 화가들이 그려 왔던 예수의 모습이지만, 레오나르도의 작품은 정말 인상적이었지요.

레오나르도 다빈치가 정말 이 작품을 그렸을까? 이 작품은 2011년에 진품으로 인정받기긴 했지만, 일부 전문가들은 여전히 그의 작품이 아니라고 생각해.

그래도 이 작품은 2017년에 어느 수집가에게 4억 5030만 달러(약 5870억 원)에 팔렸는걸! 지금까지는 세계에서 가장 비싸게 팔린 그림이야.

「살바토르 문디」
1506년경, 패널에 유채, 65.6×45.4cm, 개인 소장

1506년

1506년에 레오나르도는 **「앙기아리 전투」**라는 작품을 완성하지 못한 채 피렌체를 떠나게 되었어요. 그는 피렌체 베키오 궁전의 벽을 장식할 예정이었던, 이 거대한 벽화 때문에 마음고생을 많이 했지요.

천재와 천재의 경쟁

레오나르도는 작업을 시작하기 전에 자신이 새로 개발한 물감으로 벽을 칠했어요. 물감이 벽에 더 잘 붙고 그림이 오래 갈 수 있게 하려고요. 모두가 전쟁의 참혹함을 잘 표현한 그의 그림을 보며 감탄했지만, 그림의 물감이 잘 마르지 않았어요. 레오나르도가 개발한 물감이 실패했던 것이지요.

게다가 그는 이 작품을 그리면서 다른 천재 예술가와 경쟁해야만 했어요. 바로 젊고 야심만만한 **미켈란젤로**였지요. 미켈란젤로는 반대쪽 벽에 또 다른 전투 장면을 그리고 있었죠. 미켈란젤로는 "레오나르도? 그 사람에겐 아무것도 못 맡기지!"라고 말하고 다녔지만, 자신도 결국 작품을 완성하지 못했답니다.

1513년

새로운 도시, 로마

레오나르도는 밀라노에 가서 축제 행렬과 무대를 장식했어요. 한편, 미켈란젤로는 로마의 시스티나 성당에서 벽화를 그렸지요. 레오나르도는 밀라노에서 다양한 연구를 했지만 변화가 필요했어요. 그래서 1513년에 새로운 도시, **로마**로 떠났지요.

그는 운 좋게도 첫 후원자였던 로렌초 데메디치의 아들 줄리아노 데메디치를 위해 일하게 됐어요. 레오나르도는 예수에게 세례를 준 기독교의 성인 **세례 요한**을 그린 작품으로 또다시 사람들에게 놀라움과 감탄을 불러일으켰어요. 그토록 아름답게 그려진 세례 요한을 보고 놀라지 않을 사람은 없었지요.

「세례 요한」
1513-1516년경, 목판에 유채, 72.9×56.3cm, 루브르 박물관, 프랑스 파리

그림 속 인물은 여자 같기도 하고 남자 같기도 하지? 바로 레오나르도 다빈치가 이상적으로 생각했던 아름다움이야. 어두운 배경 때문에 밝은색 몸이 두드러져 보여.

어떤 사람들은 이 작품 속 세례 요한이 레오나르도 다빈치의 조수 살라이와 닮았다고 생각해.

1516년

프랑스 왕의 초청

그런데 로마에서는 다들 미켈란젤로만 칭찬했지요! 그 무렵 **프랑스**의 왕이 된 프랑수아 1세가 '왕의 첫째가는 화가, 공학자, 건축가'로 레오나르도를 초대했어요. 그는 늘 함께하던 조수 살라이, 가장 아끼는 제자 프란체스코 멜치와 함께 프랑스로 갔지요. 주문한 사람들에게 아직 보내지 않은 그림들도 다 가지고요. 그는 그림이 언제나 생생하고 새롭기를 바랐기 때문에 끝없이 작품을 고치고 다듬었답니다!

1519년에 예순일곱 살이 된 레오나르도는 건강이 몹시 나빠졌어요. 그는 유언장을 만들었어요. 프란체스코 멜치에게는 작품과 책을, 살라이에게는 재산을 남겼지요. 얼마 뒤, 레오나르도는 프랑스의 클로뤼세성에서 숨을 거두었어요.

34

레오나르도 다빈치는 이 그림에서 자신을 스스로 생각하며 반성하는 인간으로 그렸어. 그가 남기고 싶은 자신의 이미지였을까?

이 그림은 그가 죽을 때까지 곁을 지켰던 제자 프란체스코 멜치가 물려받았어.

「자화상」
1517-1518년, 종이에 붉은 연필, 33.3×21.3cm, 토리노 왕립 도서관, 이탈리아 토리노

2000년대

시대를 초월한 아트 슈퍼스타!

레오나르도 다빈치는 **모든 시대를 통틀어 가장 위대한 천재**로 손꼽히고 있어요. 그는 호기심이 풍부하고 배움을 좋아했기 때문에 평생 상상하고, 발명하고, 창조했지요.

화가이자 학자였던 레오나르도 다빈치는 작품을 많이 남기지 않았지만, 모든 작품이 예술사에서 걸작으로 불려요!

그는 주로 종교화와 초상화를 그렸는데, 이 분야를 완전히 새롭게 바꾸었어요. 또한 연구를 거듭해 그림 그리는 기법을 더 좋게 만들었고, 새로운 것을 실험하며 작품을 발전시켰지요. 그의 붓놀림을 통해 리자 부인은 영원한 예술 작품 '모나리자'가 되었답니다.

2000년대

레오나르도 다빈치의 작품을 볼 수 있는 곳

글쓰기를 무척 좋아했던 레오나르도 다빈치는 크로키와 노트를 수천 장 남겼어요. 하지만 현재 그의 작품으로 확실히 인정받는 그림은 열다섯 점 정도예요. 대부분은 프랑스 파리의 루브르 박물관과 이탈리아 피렌체의 우피치 미술관에 있지요.

다른 그림들은 어디에 있냐고요? 폴란드에 여행을 간다면 크라쿠프의 차르토리스키 미술관에서 「담비를 안고 있는 여인」을 볼 수 있어요. 미국에 간다면 워싱턴 내셔널 갤러리에서 「지네브라 데벤치」를 볼 수 있고요.